불시착

불시착

2025년 9월 18일 초판 1쇄 인쇄
2025년 9월 26일 초판 1쇄 발행

지은이 | 염혜원
펴낸이 | 孫貞順

펴낸곳 | 도서출판 작가
      (03756) 서울 서대문구 북아현로6길 50
      Tel | 02)365-8111~2　Fax | 02)365-8110
      Mail | cultura@cultura.co.kr
      Homepage Address | www.cultura.co.kr
      등록번호 | 제13-630호(2000. 2. 9.)

편집 | 손희 김치성 설재원
디자인 | 오경은 이동홍
마케팅 | 박영민
관리 | 이용승

ⓒ염혜원, 2025. Printed in Seoul, Korea.
ISBN 979-11-94366-98-0　03810

* 이 책의 판권은 지은이와 도서출판 작가에 있습니다.
  양측의 서면 동의 없는 무단 전제 및 복제를 금합니다.
* 잘못된 책은 구입하신 서점에서 바꾸어 드립니다.

값 15,000원

한국디카시 대표시선

34

염혜원 디카시집

불시착

작가

■ **시인의 말**

사소한 찰나가
마음을 흔들었다.

사진은 시간을 붙잡고
문장은 그 안의 숨결을 불러낸다.

디카시와 함께한 불시착
그 순간마다
행복했다.

2025년 9월
염혜원

―
차
례
―

시인의 말

제1부 세월의 파도를 지켜온 날 선 등대

등대 · 12
봄낚시 · 14
모순 · 16
귀로 · 18
경계 · 20
날아봐 · 22
쿵 · 24
물집 · 26
유서 · 28
흑심 · 30
틈 · 32
그리움 · 34
봄의 유영 · 36
마디마디 · 38
각도 · 40

제2부 심장에 불 켜진 수려한 마음

신호등·44

첫사랑·46

무주택자·48

불시착 1·50

순금·52

모성·54

동행·56

그리움·58

꽃길·60

아빠의 가로등·62

약속·64

한 짝·66

짝사랑·68

너에게 가는 법·70

붕어빵·72

한 땀 한 땀·74

제3부 내 안에 거인이 있다

작가의 기도 · 78

모빌 · 80

바람개비 · 82

대상포진 · 84

일념 · 86

윙크 · 88

생각대로 · 90

두루마리 · 92

운명 · 94

고립 · 96

호기심 · 98

페르소나 · 100

키세스 초콜릿 · 102

고등어와 삼색이 · 104

아직 날지 않았다 · 106

제4부 초록의 뿌리를 내려야 할 시간

5월의 별·110

투망·112

잉태·114

낙엽칩·116

겸손·118

응답하라·120

온난화·122

잠시·124

4인 1조·126

불시착 2·128

나비 날다·130

북두칠성·132

한 톨 한 톨·134

허수아비·136

사내 연애·138

해설 자아와 세계가 만나는 신박한 지점_김종회·140

제1부
세월의 파도를 지켜온 날 선 등대

등대

하늘 향해 솟은 언어의 촉으로
지리산 품어 봉우리마다 담아낸 이야기
불멸의 정기 웅숭깊게 흐른다
세월의 파도를 지켜온 날 선 등대

봄낚시

더디 오는 봄을 낚으려

겨울에게 미끼를 던졌습니다

모순

말려들지 말아야지
하면서도 말려가는

너를 향한 마음

귀로

기억

하나하나씩 밝혀

길을 만들어요

캄캄한 날에도

내게 오는 길이 빛나도록

경계

시작과 끝이 맞닿는

두 가지 모양

내 마음의 문턱

날아봐

경계도 우선 멈춤도
속도위반 딱지도 없는

당신의 마음

쿵

개울에 떨어진 별 하나

동심원 속으로 가을이 떨어지는 소리

덩달아

나를 겨울로 떠미는 소리

물집

하늘에서 내린

눈물이

집을 지어

집집마다 투명한 슬픔을 담아 놓고

유서

농익은 기억

햇살이 읽고 바람이 넘긴다

비가 지우고 흙이 덮는다

아무도 읽지 못한 마지막 문장

흑심

숨겨둔 말
꺼낼 때마다 짧아졌지

잊지 마
가장 짙은 마음은
맨 끝에 쓰였다는 걸

틈

울퉁불퉁한 시간을
밀어올려

잊힌 자리에서
봄을 꺼내더라
너는

그리움

하늘 꼭대기까지
유난스레 핀 꽃

봄의 유영

신호에 머문

봄 눈동자

잠시 멈춘 마음도

물길 따라 오른다

마디마디

스스로를 태우며

어둠을 삼킨다

종막을

두려워하지 않는 용기

각도

아래에서는 오르막

위에서는 내리막

시선 따라 생각 따라

달라지는 빛의 온도

제2부

심장에 불 켜진 수려한 마음

신호등

아직도 줄 것이 남은 듯
바싹 마른 몸으로
어여 오라고
와서 한 보따리 가져가라고

들판에 켜둔 붉은 등 하나

첫사랑

심장에 불 켜진

수려한 마음

전하지 못하고 홀로 남았느니

무주택자

집이 없어도 기죽지 않아요

저 너머에 우산이 되어줄

풀과 나무가 기다리고 있어요

불시착 1

내려앉고 싶은

유일한 행성

그곳은 익히 들어온

지구별이다

순금

온몸으로

계절을 익힌 금

고랑마다 울퉁불퉁 순무

순도 99.99%

내 어머니

모성

상처로 물든 날개

붉게 익어가는 기도

끝내 너를 지킨다

동행

마침내 감지된 불편한 진실

내 등도 넓다는 걸 알았다

그리움

별이 된 엄마

달이 된 아빠

이 계절 내내

하늘 향해 오른다

꽃길

꽃을 유난히
좋아하던 엄마

하늘과 이어지는 길을
찾을 수 있다면…

아빠의 가로등

걷는 길마다

환하게 비춰줄게

가시도 꽃이 되는 길

약속

파도의 입술이 떨리는 건
아빠 비밀을 말하고 싶어서야

아빠는 아들을 가장 사랑해
엄마한테는 쉿!

한 짝

기억이 날아와

머뭇거리던 날

잃어버린

귀걸이를 찾은 듯

가만히 웃었다

짝사랑

아무도

모르게

피어나고 있었어

너에게 가는 법

푸르른

기억이 번지는 날

그리움 그러모아

징검다리를 놓는다

붕어빵

30년 전 30년 후를

비춰주는 서로의 그림자

세상에 둘도 없는 단짝

시집가지 말고 엄마랑 살자

한 땀 한 땀

너의 정원에
박음질한 내 마음

상처를 깁고
젖은 기억 덧대면
꽃처럼 다시 피어나

제3부
내 안에 거인이 있다

작가의 기도

보이지 않는 세계를 여는 눈
언어의 화살로 진실을 꿰뚫어
어둠 속 빛을 보았다

모빌

흔들리며
피는 꽃

바람개비

바람이 오면

살아 있음을 느껴요

기다려도 오지 않는 날에는

종이꽃으로 피어 있어요

대상포진

뼈까지 저린 통증의 진실

외로이 저항하고

그리움 알알이 쏟아낸

세포들의 혁명

일념

작은 불이 큰불을 낳고

불이 불을 일으켜 세우듯

활활

끝까지 그대에게로 향하는

윙크

당신이

내 마음을 받을 때

비로소

나는 하늘을 봅니다

생각대로

걸림돌도

디딤돌이 된다는 걸

보여 줄게

두루마리

술술 말리고
술술 풀리는
돌아올 봄을 위해

기꺼이
퇴비가 될 보시

운명

당신이라는 이름이
들어선 순간

길이 만들어진다

고립

뛰는 심장에 퍼붓는 소나기
연초록빛 향기 자욱하다

온종일 쏟아지길 바라던
내 유년의 잔망스런 기억

호기심

돌돌

말아봤어요

둥글둥글

모나지 않게

살고 싶어서요

페르소나

두려울 것 없다

내 안에 거인이 있다

키세스 초콜릿

찌를 곳이 있다면
너의 마음

달콤한 연고가
내게 있거든

고등어와 삼색이

외면 속 외침

선 넘지 마

태백산맥보다 높은

사랑의 장벽

아직 날지 않았다

선 끝에 서서
지나온 바다를 응시한다

가녀린 다리에
힘을 모으고 있다

제4부
초록의 뿌리를 내려야 할 시간

5월의 별

반짝이는 청춘
5월의 눈물은
별이 되어 내려앉았다

하늘에서
보이지 않았던 이유

투망

잡으려 할수록

잡히지 않던 말

허공에 흩뿌린 숨결

오래 숙성한 시어 낚는다

잉태

수천만 년
품어 온
심장 소리

그게 너였다고

낙엽칩

황금색 오일로

바삭하게 튀겨 놓았다

짭조름한 사랑 뿌려놓은

가을을 바스락바스락 걷는다

겸손

향기 품어

하늘 아래

낮은 자리를 향하는

보이지 않는 손

응답하라

벽에 두 손 모아

햇살이 눌러쓴 기도

하늘 끝에 닿자

가을이 고개를 끄덕인다

온난화

바다는 낮은 땅을 삼키고

보금자리 잃고 떠도는 생명

숨 가쁜 지구를 위해

초록의 뿌리를 되찾아야 할 시간

잠시

이 순간 멈추어

당신에게 물든

하루를 바라본다

4인 1조

지하세계로 삼켜졌던 씨앗이
어둠의 자갈밭 사이를 뚫고
마침내 세상을 들어 올린다

온 가족이 이뤄낸 초록의 꿈

불시착 2

초라한

모지랑이 마음 밭에

꽃 편지를 뿌려 놓은

바람의 연서

나비 날다

바람 한 줌 얹으니

꽃잎이 들썩인다

날개가 되어버린 오후

모두, 비상이다

북두칠성

땅에서도 빛나고 싶어
살며시 흔적을 남긴다

햇살에 스러질 때면
다시 떠올라 비춰줄게

기억의 자리에서

한 톨 한 톨

햇살의 메아리를 삼켜
촘촘히 써 내려간 글밭

마지막 문장은
찰지게 빛나는 밥이다

허수아비

말없이 지켜주는
계절의 수호신

아테네의 아테나가
부럽지 않은 초록바다

사내 연애

담고 있으려니

힘들다

결국

터뜨릴 고백인데

| 해설 |

자아와 세계가 만나는 신박한 지점

— 염혜원 디카시집 『불시착』에 붙여

김종회(문학평론가, 한국디카시인협회 회장)

1. 염혜원이 디카시에 투신한 까닭

염혜원 시인은 대학에서 상담심리학을 전공하고 대학원에서 문예 창작 전문가과정을 공부 중이며, 〈문학고을〉이란 문예 모임을 중심으로 창작 및 문단 활동을 했다. 문예지《시와 경계》및 여러 공모전에서 디카시로 입상을 했으며, 또 여러 곳에서 디카시 특강을 해 왔다. 현재는 한국디카시인협회의 사무차장과 동 협회의 기관지인《세계디카시》의 편집장을 맡고 있기도 하다. 한 개인의 삶에 오른쪽으로 내세울 여러 가지 절목이 있겠으나, 이렇게 디카시를 지향하는 한 길로 걸어오기란 결코 쉬운 일이 아니다. 그것은 곧 그의 생애가 어떤 소중한 목표를 전방에 두고 있는가를 가늠하는 기준이 된다. 사정이 이러하니 염혜원이 디카시에 투신했다고 언명言明할 여지가 충분해 보인다.

염혜원은 자신의 첫 디카시집 제목을 '불시착'으로 정했다. 미상불 이 어휘는 많은 연상작용을 일으키는 속성을 가졌다. 당장 생텍쥐페리의 소설『어린 왕자』가 떠오르지 않는가. 어느 사막에 불시착한 비행기에서 내린, 왕자 복장을 한 어린아이! 그러나 그의 외형이 아이일 뿐 그 사고와 표현은 일급 철학자의 수준을 훌쩍 넘어선다. 아이와 어른, 상상과 현실, 소혹성과 지구별, 자아와 세계가 만나는 그 중차대하고 신박한 지점을 사람으로 형용하자면 바로 이 어린 왕자가 되는 형국이다. 시집의 표제表題가 그러한 만큼 염혜원의 디카시들은 대개가 본질로서의 자아와 현상으로서의 세계가 만나는 그 문제적 지점에서, 자연경관이나 특정한 사물을 포착하고 그 심층적 의미를 읽어내는 포즈를 취한다.

2. 유장한 의인 또는 활유의 상상력

어느 시에서나 활용되는 의인법擬人法은 동식물, 무생물, 추상적 개념 등 사람이 아닌 것을 사람인 것처럼 표현하는 수사법이다. 그런가 하면 활유법活喩法은 무생물을 살아 있는 생물에 비유하여 표현하는 방식이다. 염혜원의 시에서는 이 두 수사의 기법이 매우 활달하고 유장悠長하게 사용되고 있다. 그것은 또한 이 시인이 가진 시적 상상력의 발현이기도 하다. 1부의 시 가운데 「등대」에서는 이병주문학관 앞뜰에 서 있는 펜촉 모양의 작은 오벨리스크에서 '불멸의 정기'를 보고, 이를 '세월의 파도를 지켜온 날 선 등대'로 호명한다. 「날아봐」에서는 수면에 비쳐져 데칼코마니의 형상을 이룬 도시의 하늘에 날개를 편 새 한 마리에서 '당신의 마음'을 읽는다. 그런가 하면 「틈」에서는 고목의 중동에 핀 꽃송이를 두고 '잊힌 자리에서' 봄을 꺼내는 '너'를 도출한다.

농익은 기억
햇살이 읽고 바람이 넘긴다
비가 지우고 흙이 덮는다

아무도 읽지 못한 마지막 문장
─「유서」

'유서'라니! 살벌하기 이를 데 없는 제목이다. 유서는 사람이 세상을 떠나기 전에 남기는 글을 말한다. 그 문학적 또는 철학적 의미에 있어서는 자기 삶을 마무리하며 남기는 '최후의 말'로서, 존재의 흔적을 응축하는 글이다. 이를테면 유서는 단순한 문서가 아니라 한 인간의 삶과 죽음에 대한 태도를 보여주는 상징적 장르에 해당한다. 인용된 시의 사진은 늦가을을 표상하는 적갈색 낙엽 몇 장이 뒹굴고 있는 모습이다. 이 낙엽의 시기에 어디서나 볼 수 있는 장면이지만, 시인의 언사는 사뭇 남다르다. 햇살과 바람과 비와 흙이 전방위적으로 동원되고, 거기에 '아무도 읽지 못한 마지막 문장'이 남는다. 낙엽에서 속 깊은 글과 그 글의 주인인 사람을 보는 것이다.

하늘 꼭대기까지
유난스레 핀 꽃

―「그리움」

 짙고 푸른 하늘에 대나무의 군엽群葉을 딛고서 그 끝에 하얀 반달이 걸렸다. 시인은 이 달을 꽃, 그것도 '유난스레 핀 꽃'으로 보았다. 일찍이 달을 두고 시를 산출한 시인은 너무도 많다. 중국 당대唐代의 시인 이백이 달과 더불어 시선詩仙이란 별호를 얻었다. 박목월은 「나그네」에서 '구름에 달 가듯이' 가는 나그네를, 조지훈은 「완화삼」에서 '달빛 아래 고요히 흔들리며' 가는 나그네를 노래했다. 이 모두 달을 제재題材로 얻은 명편의 시다. 우리의 디카시인 염혜원은 중천의 달이 대나무 잎에 가늘게 걸린 형상을 보고 당장 꽃이라고 선언했다. 그러자니 그 꽃이 하늘 꼭대기까지 이른 절묘한 존재가 되었다. 이 모든 과정에 사물로서의 대나무 잎이나 달이 아니라, 스스로 주체성을 가진 각기 존재의 의지가 개재介在한다.

3. 그리움과 기다림의 애틋한 서정
 서정시의 주제로 아픔과 슬픔, 그리움과 기다림은 언제나

비상 대기자인 상비군常備軍의 지위에 있다. 김소월이나 백석이, 라이너 마리아 릴케나 괴테가 남긴 시 가운데 지천으로 널려 있는 근원적 감정이 아닌가. 그리움이 표방하는 부재不在의 감각과 시간의 역행, 기다림이 포괄하는 미래 지향성과 시간의 지연 등은 요약하면, 시에 있어서의 부재와 결핍의 미학을 형성한다. 그리움은 회상과 추억의, 그리고 기다림은 예감과 소망의 정서이지만 이로 인하여 시인의 세계가 풍요롭고 아름다워진다. 2부의 시에서 「첫사랑」의 수려秀麗한 마음, 「그리움」에서 별이 된 엄마와 달이 된 아빠, 「무주택자」의 저 너머에 있는 기다림 등이 모두 이 범주에 속한 시적 관념들이다.

아직도 줄 것이 남은 듯
바싹 마른 몸으로
어여 오라고
와서 한 보따리 가져가라고

들판에 켜둔 붉은 등 하나

―「신호등」

가을걷이가 끝난 전답에 마른 고추나무 하나 서 있고 붉게 익은 고추 열매 하나 외롭게 매달려 있다. 왜 이 열매만 남겨 두었을까. 시인은 이를 단호하게 '신호등'이라 명명命名했다. '아직도 줄 것이 남은 듯'이란 표현은 모든 것을 이미 다 주었다는 뜻이다. 그런데 '바싹 마른 몸으로' 어서 와서 한 보따리 가져가라고 하는 것은, 두말할 나위 없이 우리 연로한 어머니의 심사다. 우리는 이와 같은 담화의 사례를 부지기수로 알고 있다. 그 어머니가 '들판에 켜둔 붉은 등 하나'라는 어의語義에 이르면, 이 막막한 들판은 문득 그립고 아쉬움에 가슴 조이던 모정母情의 현장이 된다. 붙들기 어려운 사진에 수발秀拔한 시다.

푸르른
기억이 번지는 날

그리움 그러모아
징검다리를 놓는다

— 「너에게 가는 법」

'너에게 가는 법'이라는 만남의 지도를 보여줄 태세다. 사진은 황순원문학촌 소나기마을의 중앙광장. 드문드문 국민소설 「소나기」의 소년 소녀가 비를 긋던 수숫단이 서 있다. 멀리 흐릿하게 초가지붕을 인 원두막도 보인다. 그리고 이 광경에 대비된 것은 흰색과 연노랑의 꽃잎이 환한 얼굴을 드러낸 페츄니아다. 시인은 이 풍광에 대해 '푸르른 기억이 번지는 날'이라고 한다. 과연 시인의 기억은 어떤 모양 어떤 색

깔일까. '푸르른'이란 통칭 외에 보다 구체적인 사연이 있을 법도 하다. 그리고 그의 다음 행보는 '그리움 그러모아' 징검다리를 놓는다는 것이다. 소년과 소녀가 만난 징검다리, 또는 시인의 푸르른 기억으로 가는 징검다리일 터이다. 맑고 밝고 싱그러운 시다.

4. 경물의 심층을 투시하는 밝은 눈

시인은, 특히 디카시인은 단순히 사물이나 풍경의 겉모습만을 바라보지 않는다. 그 안에 잠복한 본원적 의미나 존재의 울림을 꿰뚫어 보지 못하면 결코 좋은 시인이 될 수 없는 까닭에서다. 예컨대 풀 한 포기나 나무 한 그루를 보고 그 외형이 덮고 있는 시간의 축적, 세대의 기억, 인내의 상징 등의 재해석을 견인하지 못한다면 그저 그런 시인에 그치고 말지 않겠는가. 이 시집 3부에 수록된 시들 가운데는 이 대목에 강점을 가진 사례가 많다. 「대상포진」에서 물방울과 '세포들의 혁명'을, 「운명」에서 시멘트벽의 틈새에서 자란 풀과 '당신이라는 이름'을, 「페르소나」에서 보도블록에 앉은 참새와 그 그림자로 '내 안에 거인'을 대위법적으로 묘사하는 시적 기량 등이 바로 그렇다.

보이지 않는 세계를 여는 눈
언어의 화살로 진실을 꿰뚫어
어둠 속 빛을 보았다

— 「작가의 기도」

이 사진은 경남 하동의 이병주문학관 앞 광장 한쪽에 있는 작가의 좌상 뒷모습이다. 안경을 쓴 채 고즈넉한 모습으로 앉아 있으나, 실제로 그의 무릎에는 책 한 권이 펼쳐져 있다. 20세기 후반 한국문학에서 가장 높은 대중적 수용성을 보인 작가! 그가 장편소설 『산하』에 에퍼그램Epigram으로 쓴 "태양에 바래이면 역사가 되고 월광에 물들면 신화가 된다"는, 지금도 인구人口에 회자膾炙하는 명언이다. 시인은 이 작가에게 '보이지 않는 세계를 여는 눈'이 있다고 평가하고, '언어의 화살로 진실을 꿰뚫어' 봄으로써 '어둠 속의 빛'을 그렸다고 해석했다. 작가와 그 작품에 대한 경외의 감정, 그 생각을 초록빛 창창한 정원의 쉼터에서 풀어낸 시다.

흔들리며
피는 꽃

—「모빌」

능소화 한 떨기다. 여름철 담장이나 정원에서 흔히 볼 수 있는 덩굴성 꽃나무다. 주황색이나 붉은빛이 도는 나팔 모양의 꽃이 피고, 한국에서는 부귀와 영화 또는 여인의 정절을 상징한다. 이 능소화는 주로 담장을 타고 높이 올라가는 속성이 있고, 그러기에 줄기가 위로 뻗어 있는 것이 상례다. 그런데 여기 사진의 꽃은 한 줄기가 지구 중력 방향으로 아래로 늘어져 있다. 그러함에도 불구하고 얼굴을 편 몇 송이 꽃은 싱그럽고 탄력 있어 보인다. 시인은 여기에 '흔들리며 피는 꽃'이란 단 마디의 수사修辭를 부여했다. 언뜻 도종환이 쓴 동명同名의 시가 떠오르지만, 그 문자 시와 이 디카시는 속한 영역 자체가 다르다. 거꾸로 피어서도 굽힘이 없는 꽃, '흔들리며 피는 꽃'이다.

5. 사물화된 인식의 우주론적 개방

사물화事物化, Reification란 말이 있다. 원래 동적인 과정이나 관계나 경험 등이 마치 독립된 물체처럼 고정된 것으로 취급되는 상황을 뜻한다. 그 가운데서도 '인식의 사물화'는 인간의 의식이 근본적으로 살아있는 주체적 경험이나 활동임에도 불구하고 이를 고정된 대상으로 바라보거나 단순히 객관적 대상처럼 다루는 현상을 말한다. 우리 일상의 주변에 있는 많은 대상은, 그것을 바라보는 인식의 주체와 소통되고 관계성을 맺기 이전에는 거개가 사물화 되어 있다. 여기에 혼과 생명을 불어넣는 것이 시이며, 그것을 렌즈로 포착한 영상과 더불어 작동하게 하는 것이 디카시다. 이 시집 4부의 시 중에서 「응답하라」에서 가을과의 교통, 「불시착 2」에서 여린 풀꽃이 말하는 바람의 연서, 「허수아비」에서 흰 새 한 마리의 초록 바다가 모두 그렇다.

반짝이는 청춘
5월의 눈물은
별이 되어 내려앉았다

하늘에서
보이지 않았던 이유

―「5월의 별」

　단풍나무의 아직 푸른 잎이 그 줄기가 전혀 보이지 않을 만큼 촘촘하게 화면을 채웠다. 그러자니 위에서 내려다본 각도다. 시일이 지나 가을이 되면 더 빛나는 색감을 자랑할 것이다. 이 나무는 여름날 맥고모자처럼 흔히 눈에 띄고, 우리가 아무 생각 없이 지나치면 그냥 그런 사물의 한 형태다. 그러나 철학적 의미를 부여하면 인생의 성쇠와 흥망을 비추는 거울처럼 여겨진다. 문학작품에서 이를 소환할 때는 아름다운 소멸, 순환과 귀환, 고독과 사색, 사랑과 이별 등의 개념이 생성된다. 시인은 이 잎새들의 군집에서 '반짝이는 청춘 5월의 눈물'이 별이 되어 내려앉았다고 썼다. 그리고 그것이 하늘에서 별이 보이지 않았던 이유라고 강변剛辯했다. 염혜원 시인이 없었더라면, 언감생심 이 단풍잎들이 별의 정령이 될 수 있었겠는가. 여기에 시가 공여하는 막강한 저력이 잠복해 있다.

바람 한 줌 얹으니
꽃잎이 들썩인다

날개가 되어버린 오후
모두, 비상이다

―「나비 날다」

팬지꽃이다. 제비꽃과에 속하는 한해살이 식물이다. 잎은 위치에 따라 둥글거나 심장 모양 또는 타원형이다. 이 장면에서는 노란색과 보라색이 번갈아 피어 있고, 그 모양은 나비의 날개를 닮았다. 이 꽃은 셰익스피어의 『한여름 밤의 꿈』과 『햄릿』에도 등장하여 소정의 역할을 했는데, 오늘 여기 염혜원의 시에 도달했다. 그 꽃말로 사색과 그리움, 겸손과 희망 등을 거느리고 있다. 시인은 이 팬지꽃의 화원花園에 '바람 한 줌 얹으니' 꽃잎이 들썩인다고 했다. 이날 오후 모두 나비가 되어 비상飛翔한다고 감각 했다. 군무群舞가 아름다운 것은, 그 동작의 획일성과 질서정연함에 있다. 시인은 수백 마리의 나비가 외양이 닮은 꽃으로부터 한꺼번에 솟아오르는 황홀경의 환각을 보았다.

이제까지 우리는 염혜원의 디카시집 『불시착』을 공들여 살펴보았다. 그리고 새삼 이 시인이 표제로 내세운 '불시착'

에 대해 곱씹어 본다. 이는 계획되지 않은 착륙, 혹은 긴급·강제 착륙이라 할 수 있다. 시의 눈으로 세상과 삶과 풍경과 사물을 보는 마당에 이 의미망을 차용해 온다면 그의 시가 가진 관점을 어렵지 않게 확인할 수 있다. 일찍이 하이데거가 말한 '던져진 존재'의 지위에서, 그 근본에 대해 다시 질문하고 시적 대상으로부터 답변을 찾으려는 시도가 아니었을까. 그렇게 이 시집에 수록된 61편의 시는 저마다 입을 열어 살아있는 생명으로 우리에게 육박해온다. 이번이 그의 첫 시집이니, 앞으로 우리는 지속적으로 그를 통해 좋은 시를 만나는 소망을 가꿀 수 있을 것 같다. 그와 더불어 우리의 시 읽기가 불시착의 모험을 감행하면서도 하나의 뜻깊은 변곡점이 될 수 있었으면 한다.